ÉPITRE

AU NOUVEAU TZAR

ALEXANDRE II

Paris. — Typographie de Gaittet et Cie, rue Git-le-Cœur, 7.

ÉPITRE

AU NOUVEAU TZAR

ALEXANDRE II

PAR

T. DINOCOURT

Auteur du *Sac de nuit de Menschikoff*

Parum melius est cum justitia quam
multi fructus cum iniquitate (*Proverb.*).

Prix : 1 fr.

ÉPARIS

J. BRY, LIBRAIRE-ÉDITEUR

RUE GUÉNÉGAUD, 27

—

1855

UN MOT

AU LECTEUR.

———

Le bon accueil fait en Angleterre et en France au *Sac de Nuit de Menschikoff* m'encourage à publier le même ordre de pensées dans le présent ouvrage : *Epître au nouveau Tzar*. C'est un entraînement auquel je ne céderais pas, si les graves circonstances où la guerre d'Orient place aujourd'hui l'Europe ne me fesaient regarder cette publication comme l'accomplissement d'un devoir essentiellement patriotique.

La mort qui a récemment frappé l'auteur de cette guerre n'en diminue point, à mes yeux, les funestes conséquences, si son successeur au pouvoir est, comme il n'a pas craint de l'exprimer dans son Manifeste, irrévocablement déterminé à suivre de point en point la dangereuse politique de son père, conséquemment à réaliser, dans la mesure de ses forces, l'ambitieux projet de Pierre le Grand.

Si le nouvel Empereur de Russie a là vraiment dit sa pensée, la pensée de son cœur, il est bon qu'on le sache, et, dans ce cas, il ne faudrait pas perdre un temps précieux en cherchant à se procurer la paix par les stériles voies de la diplomatie; on n'atteindrait pas le but, on s'en trouverait, au contraire, détourné par les

mille expédients que les Cours médiatrices ne
manqueraient pas d'imaginer sans cesse, et
toujours sans succès, pour amener Alexandre II
à des concessions qu'il n'aurait pas la volonté
de faire, mais qu'à l'exemple de son père il
aurait jugé utile au succès de ses plans de
nous laisser espérer. La fin dernière de cette
façon d'agir serait pour nous, pour nos alliés,
pour toute l'Europe, la Russie exceptée, une
funeste et irrémédiable déception.

Si le Manifeste en question n'était pas l'expression des sentiments intimes du nouvel
Autocrate, mais qu'il lui eût en quelque sorte
été imposé par l'opinion de ses peuples; si
en d'autres termes, il lui fallait, dépouillé de
tout libre arbitre, suivre fatalement la politique séculaire de ses prédécesseurs, et la suivre
à tous risques, inutile encore serait de recourir à l'habileté des diplomates pour le faire

revenir sur ses résolutions ; on n'y parviendrait pas, car, dans cette formidable partie, il n'y aurait pas que son honneur de souverain d'engagé, sa vie elle-même ferait partie de l'enjeu.

Dans l'un comme dans l'autre cas, il n'y aurait pour nos alliés et pour nous-mêmes d'autres ressources que dans la continuation de la guerre, surtout dans la victoire, mais une victoire complète et décisive, une victoire telle que jamais par la suite la nation Russe ne pût redevenir assez forte pour porter le moindre ombrage même au plus faible État de son voisinage : c'est dire assez que, si la lutte actuelle n'est pas *immédiatement* terminée par un traité de paix tel que l'exigent notre honneur, celui de nos alliés et la sécurité de l'Europe dans le présent et dans l'avenir, il ne faut pas se laisser arrêter un jour, une heure, dans la poursuite du but qu'on s'est proposé en prenant les armes; il ne sera sage de les déposer qu'après avoir dompté sans retour cette nation sauvage qui s'obstine à menacer la civilisation du monde, parce qu'elle se complaît dans sa barbarie.

Mais, pourtant, s'il était vrai, comme beaucoup d'écrivains sérieux l'ont affirmé, qu'il se fût depuis longtemps déjà formé dans cet empire un parti connu sous la dénomination de *Jeune Russie*, par opposition à celui qui représente le parti des vieilles traditions, des vieux us et coutumes du moyen âge, et qui s'intitule orgueilleusement la *Sainte Russie;* s'il était vrai que le nouvel empereur appartînt au premier de ces partis, et si, en effet, comme le bruit en a couru, il était, à raison de ce fait, tombé dans la disgrace de son père, dont il n'aurait partagé ni les vues, ni les idées au sujet de cette guerre, il faudrait voir alors jusqu'à quel point on pourrait, avec espoir de succès, faire à ce sujet un appel à ses sentiments personnels, puis encore ce qu'on pourrait se promettre de l'appui des hommes qui partagent ses idées, sinon ses espérances.

Et voilà pourquoi, curieux comme je le suis de mon naturel, je ne crois pas devoir me refuser la satisfaction de m'adresser directement au nouvel empereur, au successeur immédiat de Nicolas, au moyen de *l'Épître* qui va suivre, pour lui soumettre des observations toutes dans son intérêt, plus encore que dans le nôtre, observations dont il fera tel cas qu'il jugera convenable, en supposant toutefois qu'elles lui parviennent; il y aura égard, s'il porte de l'intérêt à ses peuples, car il devra trembler pour eux, s'il faut que, par sa persistance à suivre les voies de son père, il nous oblige à recourir contre son empire à l'*ultima gentium ratio.* Or, et je me crois en conscience obligé de l'en prévenir, cela ne nous conduirait à rien de moins qu'à faire de la Russie ce que les Romains ont fait de Carthage : l'avenir, le salut de l'humanité nous en feraient une loi.

T. D.

ÉPITRE

AU NOUVEAU TZAR

ALEXANDRE II.

Loin de moi la pensée, grand et sublime Empereur, de tenter d'affaiblir dans votre cœur les sentiments de respect filial que vous portiez, de son vivant, à l'auteur de vos jours, et que sa mort, sans doute, a fortifiés encore plutôt qu'amoindris. Au point de vue privé, à celui de la famille, ils vous honorent trop pour qu'on ne trouve pas toute naturelle la chaleur que vous avez mise à les exprimer dans votre tout récent Manifeste.

On conçoit également bien aussi que, comme chef du vaste empire sur lequel la Providence vient de vous appeler à régner, vous ayez pris vis-à-vis de vos peuples le solennel engagement, l'engagement sacré de n'avoir jamais d'autre but

2

que leur prospérité (la prospérité de la patrie),
avez-vous dit, ce qui revient absolument au
même.

Ce sont là des vœux bien légitimes et qu'il est
du devoir d'un souverain, digne de l'être, de tendre sans cesse et toujours à réaliser; il ne saurait jamais trop travailler à l'accroissement du
bien-être de ses sujets.

Toutefois, si, sur ce point, il ne peut y avoir
entre vous et les gens de bien de dissentiment,
il n'en saurait être de même des voies et moyens
que vous comptez mettre en usage pour leur procurer et assurer *cet accroissement* de bien-être.

Ici la conscience publique a le droit et aussi
le devoir de s'élever contre votre manière d'en—
tendre la prospérité de la Russie.

C'est, dites-vous, en *l'affermissant* dans le
plus haut degré de puissance et de gloire.

Et, pour atteindre ce but, vous vous proposez
d'accomplir les *vues* et les *désirs* de vos illustres
prédécesseurs *Pierre, Catherine, Alexandre le
Bien-Aimé* et votre *auguste père*, d'impérissable
mémoire, etc., etc.

(Manifeste d'Alexandre II, du 3 mars 1855.)

Mais, d'abord, qu'il me soit permis de vous le
demander, qu'est-ce que le bien-être et le bon-

heur de vos sujets peuvent avoir de commun avec cet affermissement de puissance et de gloire dont vous parlez, et qui, dans votre pensée, se résume en un accroissement indéfini de terres ajoutées à celles dont se composent aujourd'hui vos États déjà beaucoup trop vastes? que fait aux hommes le plus ou le moins d'étendue du territoire sur lequel ils existent, si, d'ailleurs, ce territoire suffit à leurs besoins, s'ils y peuvent, fructueusement pour eux-mêmes, dépenser leur activité? Le bonheur n'existe-t-il pas pour chacun d'eux en particulier, si tous y jouissent également d'une sage liberté, si leur vie, leurs biens, leur honneur sont puissamment sauvegardés par de bonnes lois; si leur culte, leurs croyances religieuses participent aussi largement à cette haute protection; puis encore, si, dans les différends qui peuvent s'élever entre eux à propos d'un intérêt quelconque, ils se sentent partout assurés, par une exacte et bonne justice, qu'aucune atteinte à leur droit, tant minime soit-il, ne restera impunie?

Si le bonheur n'est pas là pour les sociétés humaines, sous quelque latitude qu'elles existent, que Votre Majesté daigne me dire où il est, je lui serai reconnaissant de me l'avoir appris.

Vos peuples sont-ils placés dans ces conditions désirables et empreintes du sceau d'une véritable civilisation? Non, sans doute, et vous n'oseriez pas l'affirmer, puisqu'ils sont tous courbés sous le joug du plus inflexible despotisme : la Russie n'est, à la bien qualifier, que *le Chanaan de la servitude*. Et, si vous estimez qu'en maintenant et affermissant une pareille situation vous vous acquérez des droits à leur reconnaissance et à leur affection, comme à l'appui de la Providence, vous professez, il en faut convenir, d'étranges idées en morale, en politique, aussi bien qu'en religion!

Direz-vous, pour vous justifier du respect que vous leur portez, que ce sont moins les vôtres que celles de vos glorieux ancêtres; que votre père lui-même les eut en profonde vénération et les a, de son vivant, fait servir de règle à sa conduite en toute chose, en politique aussi bien qu'en administration; que c'est pour vous une raison sacrée de les tenir en très-haute estime, mais surtout de continuer de les mettre en pratique?

Si Votre Majesté disait cela sérieusement, elle pourrait faire naître dans bien des esprits le soupçon qu'elle ne jouit plus de la plénitude de sa raison, ou qu'elle a tout au moins le sens moral bien profondément oblitéré.

Oui, sans doute, et cela n'est que trop vrai pour le malheur du monde, Pierre le Grand,

Catherine, votre oncle bien-aimé Alexandre, et, en dernier lieu, votre père, ont, effet d'un excessif orgueil, poussé l'infatuation du pouvoir suprême jusqu'aux limites les plus reculées du despotisme ; non contents d'asservir les corps, ils ont asservi les âmes dans toutes les terres qui relevaient de leur obéissance, ils se sont faits pontifes en même temps que rois, pour pouvoir à leur gré régner sur les consciences et leur imposer la foi religieuse qui pourrait le mieux, selon les temps et les circonstances, servir par voie d'abrutissement et de fanatisme leur insatiable ambition. Dans cette vue, ils ont tout simplement détrôné Dieu pour se mettre à sa place ; c'était, sans doute, bien le détrôner que de substituer à ses lois écrites et conservées au sein de son Église, l'Église catholique, les décisions si peu sûres de la raison humaine La royauté, ainsi métamorphosée en divinité parlante, devait désormais rencontrer bien peu de contradicteurs parmi les malheureux sur lesquels pesait ce double joug, puisqu'ils ne pouvaient, se hasardant à protester, échapper au châtiment qui leur était réservé, soit à titre de rebelles à l'autorité du souverain, soit à titre de sacriléges. Il eût été difficile d'asseoir le principe d'autorité sur des fondements plus solides et surtout de plus redoutables

Aussi n'existe-t-il nulle part au monde un pays où les hommes aient perdu, au point où il l'est en Russie, le sentiment de la dignité personnelle; pas un où le mot *droit* ait moins de signification, et où les garanties, à quoi qu'on les veuille appliquer, fassent plus généralement défaut à toutes choses; mais c'est justice d'avouer qu'elles manquent aussi bien au plus grand seigneur de l'empire qu'au plus pauvre, paysan; que, la fantaisie en venant au souverain, à l'autocrate, il peut faire tout aussi aisément de ce dernier un puissant personnage que du premier un mendiant, voire même, au besoin, un misérable forçat, qu'il enverrait travailler à perpétuité dans les mines. Solitudes de l'exil, tristes échos de la Sibérie, qui avez si fréquemment retenti des gémissements de tant de nobles victimes de ce monstrueux despotisme, élevez tous la voix pour m'accuser, si je dis ici autre chose que la vérité!

Mais, cette forme de gouvernement, direz-vous, et surtout cette façon de courber toutes les têtes devant les volontés du chef suprême de l'État, a du moins fourni à mes prédécesseurs les moyens d'accroître d'année en année le territoire de l'Empire, au point de lui acquérir les vastes proportions qu'il présente aujourd'hui; et, sans doute, il est bien différent de ce qu'il était au temps où grands ducs de Russie tout simplement, mes ancêtres, étaient obligés de payer un tribut au grand khan de Tartarie, pour s'assurer de sa protection contre les excès de ses hordes !

Vous dites vrai, Seigneur, mais vous paraissez oublier tout ce que ces conquêtes ont coûté de larmes et de sang à l'humanité, et vous ne me semblez guère vous préoccuper davantage des maux tout pareils que vous allez lui infliger encore en donnant suite au coupable projet de votre aïeul Pierre le Grand.

Mais n'est-ce pas là, dites-le-moi, de votre part un anachronisme injustifiable de tous points, et tout particulièrement au point de vue de la raison, à celui encore de l'intérêt bien entendu de votre empire ?

Je comprends très-bien qu'à des époques barbares, dans des temps où, faute de lumières et de science, la force seule constitue le droit, une horde guerrière se rue, le fer et la flamme à la main, sur des peuples paisibles pour les dépouiller de leurs richesses, tuer tout ce qui lui résiste et faire le reste esclaves; puis, si le sol lui plaît, se l'approprier, s'y établir et l'accroître par des conquêtes successives.

Cela, je le répète, se conçoit, sans en être plus excusable, car rien, à quelque époque qu'il vive, ne dispense l'homme de pratiquer les lois de la justice naturelle, cette loi écrite de la main de

Dieu même au fond de toutes les consciences. Mais, enfin, j'accorde à vos ancêtres, pour ne parler ici que d'eux, qu'ils ont même dû s'affranchir, par la force des armes, de l'oppression que de çà et de là certains de leurs voisins guerriers faisaient peser sur eux. Mais ce but une fois atteint, les oppresseurs vaincus et punis, ils ne devaient pas, ils ne pouvaient pas sans injustice prendre leur place pour commettre eux-mêmes de pareils excès sur des peuples dont ils n'avaient point à se plaindre, bien moins encore devaient-ils le faire dans l'inique vue d'accroître leur puissance, pour pouvoir plus tard tenter encore et sans cesse d'autres conquêtes : ce monstrueux système devait aboutir à faire rêver à quelqu'un des chefs de cet état, ainsi fait de pièces disparates, la domination du monde entier, et c'est dans le cerveau de votre illustre aïeul, Pierre, dit *le Grand*, qu'est éclos ce projet, qui, permettez-moi de vous le dire, est aussi insensé qu'il est irréalisable et criminel.

Qu'il soit arrivé à cette illusion, à cette erreur, en se persuadant que la force peut tout en ce monde ; qu'il en ait cru trouver la preuve dans l'exorbitante domination de la puissance romaine sur les innombrables peuples qu'elle avait vaincus ; puis encore dans les non moins surprenantes conquêtes de l'islamisme, qui plus tard avait asservi les deux tiers du globe; puis enfin dans le rapide développement de la puissance ottomane qui sous ses yeux faillit submerger l'Europe; tout ce passé si rempli de violence pouvait, jusqu'à un certain point, favoriser chez lui l'illusion sur laquelle il avait tracé son plan de domination universelle. Que Catherine à son tour, ambitieuse comme elle l'était, ait partagé sur ce point ses idées et ses espérances jusqu'à faire servir ce plan de base à sa politique; passe encore. Mais qu'Alexandre ensuite et votre père après lui aient cru à la possibilité de réaliser une pareille chimère, eux qui ont été témoins de la transformation radicale que la Révolution française est venu faire subir aux idées de tous les peuples, mais surtout de l'Europe; eux encore qui ont pu constater les prodigieux changements que les incessantes découvertes de la science et les progrès des arts en tous genres ont apportés dans les relations des hommes au point de vue des intérêts; qu'après avoir assisté à ce spectacle inoui qui semble tenir du prodige, ils soient venus tous deux, en plein XIXᵉ siècle, redire l'un après l'autre à la civilisation : Je te nie ! non, tu n'existes pas ! ou bien, si tu prétends exister malgré notre négation, nous allons te supprimer, t'anéantir, nous croyons en avoir le droit parce que nous pensons en avoir la force : toutes tes idées sont fausses, ce sont les nôtres seules qui sont vraies, et, quant à tes intérêts, anathême sur eux! du moment qu'ils ne s'accordent pas avec les nôtres et qu'ils ont même l'insolente prétention de leur faire obstacle.

Et vous, Prince, successeur immédiat de ces deux téméraires couronnés, vous ne répudiez pas un pareil héritage, un héritage si gros de périls pour vos propres États!! bien loin de là vous l'acceptez tout entier et vous comptez, dites-vous, pour réaliser ce plan anti-social, vous comptez sur l'appui de vos peuples et sur celui de la Providence? Erreur et blasphème tout ensemble! la Providence ne peut pas vouloir vous aider à violer ses propres lois et, sans doute, elle ne se départira pas en faveur de l'ambition moscovite de ses vues sur l'humanité. Elle l'a faite libre et veut qu'elle reste telle; elle la veut voir travailler sans cesse à accroître indéfiniment son bonheur par le développement de ses facultés, de son intelligence et le perfectionnement de sa raison; voilà sa volonté : sa loi suprême est le progrès; et quiconque grand ou petit, entreprend de porter atteinte à ces principes, est nécessairement en révolte ouverte contre le ciel; je vous laisse, dès lors, à penser de quel côté doit rester la victoire, et ç'en est pourtant une de cette sorte que vous osez vous flatter de remporter sur Dieu même.

J'avais bien dit que vous blasphémiez !

Vos peuples vous seconderont, avez-vous encore dit : à cela je réponds que c'est une erreur ; je devrais plutôt dire que c'est un mensonge. Est-ce qu'il y a jamais eu chez eux une opinion, une volonté quelconques autres que celles de leur maître suprême ? Chef politique et religieux, comme il l'est toujours, et auquel nul ne peut sans crime manifester une volonté différente de la sienne, n'est-ce pas lui, lui tout seul, qui dispose de tout dans l'empire ? et quand, pour atteindre un but, n'importe lequel, il juge à propos de lancer ses sujets dans une voie quelconque, en allumant chez eux telle ou telle mauvaise passion, le fanatisme, la haine ou la cupidité, n'est-il pas seul responsable, devant Dieu et devant les hommes, des sanglants excès et des incalculables malheurs qu'il a, par cela même, déchaînés sur le monde. Et Votre Majesté est-elle fondée à dire à l'Europe qu'elle conforme sa conduite à l'opinion de la Russie en se disposant à pousser avec plus de vigueur que jamais cette guerre impie, alors que d'un mot, d'un seul mot, il lui serait si facile d'en éteindre les fureurs ?

Ah ! Sire, j'ai regret de vous le dire ; mais pour

peu que vous ayez de sentiment religieux dans le cœur, si surtout vous croyez à la responsabilité humaine devant Dieu, que vous devriez sentir votre âme troublée en pensant au terrible compte que votre père doit avoir à régler là-haut avec le redoutable juge devant lequel il a comparu !

Si vous vous êtes recueilli une heure, seulement une heure, dans ces terribles pensées, vous avez dû frémir et sécher de terreur, car bien certainement quelque chose de ce redoutable interrogatoire a dù descendre jusqu'à vous, si vous y avez prêté de l'attention.

Quelle était, dites-nous-le, l'attitude du coupable et qu'a-t-il répondu quand Dieu lui a demandé quel usage il avait fait de la haute puissance qu'il lui avait confiée sur la terre ? ?

Vous n'osez pas nous la rendre cette réponse... sans doute parce qu'elle vous a paru devoir attirer sur sa tête une de ces condamnations toutes pareilles à celles qui frappent les plus mauvais princes, ceux sous la domination desquels l'humanité eut le plus à souffrir. Et le coupable ici n'a pas pu invoquer pour excuse son ignorance de la loi divine, comme ont pu le faire les monstres couronnés de l'époque idolâtre ou païenne. Non ; puisqu'il est né, lui, aux saintes clartés des lumières de l'Évangile et qu'il en devait savoir par cœur les pieux enseignements, il était dans ses obligations de pratiquer ses devoirs généraux de chrétien et ceux de sa haute position en particulier. Comme chef d'un grand État, il se devait au bonheur de ses sujets, et ce bonheur pour eux ne pouvait jamais être la guerre, puisque la guerre, au contraire, les accable de charges de toutes sortes, qu'elle sème le deuil et l'affliction dans leurs familles et leur impose enfin mille douloureux sacrifices.

Sur cela, comme sur tant d'autres choses non moins essentielles, le père de Votre Majesté n'a pas pu se tromper. Il n'a pas pu davantage se faire d'illusions sur les horribles conséquences de l'injuste guerre qu'il engageait avec l'Occident. Deux cent mille victimes, y compris ses malheureux sujets, dorment, à l'heure qu'il est, dans leurs tombes sanglantes, sur les bords du Danube et dans les plaines de la Crimée ; elles y dorment égorgées par sa criminelle ambition, ou plutôt non, elles ne dorment pas ; il est bien plutôt à croire qu'elles se sont toutes levées, comme un seul homme, pour venir déposer contre lui au tribunal suprême ; et pensez-vous, dites-moi, que, les voyant ainsi mutilées, lui désignant du doigt leur bourreau, Dieu, si miséricordieux qu'on le doive supposer, ait pu le renvoyer absous, lui pardonner? Vous ne le pensez pas, j'en suis bien sûr, si tendre fils que vous soyez; non, car si la bonté de Dieu est infinie, sa justice, et cela doit être, surpasse encore sa miséricorde.

Eh bien! si vous avez fait à ce sujet ces réflexions, et il est si naturel dans votre position que vous les ayez faites, comment osez-vous persister à marcher dans une aussi funeste voie, une voie de sang et d'iniquité qui aboutit à un pareil abîme, quand il vous est si facile de vous en détourner?

Qui vous retient donc de le faire? Qui vous empêche de rendre la paix au monde? Qui vous pousse à y semer la désolation, l'épouvante et la mort?

L'obligation où vous croyez être de poursuivre l'œuvre de Pierre le Grand, et pour laquelle votre oncle et votre père se sont, comme Catherine, passionnés si mal à propos? Mais cette œuvre, concevable peut-être pour le temps où le cerveau de l'ennemi de Charles XII l'a conçue, cette œuvre, je viens de vous le prouver, est un anachronisme pour l'époque où nous vivons.

Vos peuples vous forcent la main; ils veulent à tout prix Constantinople?

Dites-leur qu'ils demandent une chose injuste et ils n'insisteront pas, habitués qu'ils sont à croire à la parole de leur souverain comme à celle de Dieu même. Ne vous imaginez pas, d'ailleurs, qu'ils soient au fond bien charmés d'aller essuyer toutes les misères attachées au dur métier de soldat, ni qu'ils soient non plus pressés du besoin d'aller se faire tuer par milliers pour la plus grande gloire de l'empire.

Je pense, au contraire, qu'ils ne seront pas le moins du monde fâchés de ce changement de politique, et que vous courez plutôt la chance de voir votre nom béni par toutes les classes en signant la paix, que vous ne lui acquéreriez de gloire en continuant la guerre, même, par impossible, en la faisant avec succès.

Quelles d'entre ces classes se plaindraient de la paix?

Serait-ce celle des paysans ou serfs? Non, à coup sûr, puisque c'est elle qui fait tous les frais de la guerre, qui sue, qui travaille, pour en acquitter les charges de toutes sortes, qui fait les innombrables corvées qu'elle exige, et lui sacrifie, en définitive, ses plus tendres sentiments de famille, en lui donnant tout le sang de ses enfants?

Est-ce la classe militaire? Il est au moins permis de douter qu'elle s'accommode beaucoup de ce régime perpétuel de combats et de batailles, vu les maux et les privations qu'elle y endure, vu surtout aussi les funestes tributs qu'elle paye à la gloire des armes.

Sont-ce les classes industrielles et commerçantes; celles des banquiers, des gens d'affaires? pas davantage non plus, car il est à croire que les unes pas plus que les autres ne sont charmées du maintien d'une situation aussi peu favorable à leurs intérêts. Ces nombreux blocus qui suspendent partout le mouvement commercial; ces mers couvertes de nos vaisseaux, qui capturent incessamment les bâtiments de vos armateurs et leur font enregistrer des pertes à la place des richesses qu'ils s'attendaient à recueillir de leurs expéditions lointaines; tout cela, franchement, ne me semble pas devoir les rendre de bien chauds partisans de la guerre.

Est-ce enfin la classe de la noblesse qui la veut la continuation de cette guerre? Il me semble bien que non encore. Non, car enfin quels profits y trouve-t-elle, obligée qu'elle est, pour leur fournir les moyens de la soutenir, de s'endetter, de se ruiner, puisque c'est elle qui est tenue de faire toutes les avances voulues, sauf à se rembourser, du moins mal possible, sur les paysans qui cultivent ses terres, lesquelles rapportent moins en temps de guerre qu'en temps de paix, puisqu'il s'y trouve beaucoup moins de bras pour les travailler.

D'un autre côté, cette noblesse, habituée à la vie fastueuse et au plaisir, mais qui a surtout besoin de voyager, d'aller à l'Étranger étaler son luxe pour la satisfaction de sa vanité, de son orgueil, doit-elle être bien satisfaite de se trouver retenue chez elle, rivée comme à une chaîne de captifs, par le fait seul du maintien d'une situation aussi violente?

Evidemment non; comme toutes les autres classes de vos vastes États, elle soupire tout bas après le retour de la paix, et ce serait pour elle un jour de bien vive allégresse que celui où vous consentiriez à vous accommoder avec l'Occident.

La Russie ne veut donc pas la guerre, Sire, c'est vous seul qui la voulez.

Et pourquoi la voulez-vous?

Votre honneur est, pensez-vous, engagé à la pousser jusqu'au bout, jusqu'à ce que vous en ayez obtenu ce que vous vous en êtes promis, l'asservissement de l'Europe, et, par suite, celui du monde entier, à votre despotisme, à votre foi religieuse.

Et d'abord votre honneur ne peut pas être engagé à tenter *l'impossible*, il faut laisser cela aux fous, aux cerveaux détraqués; mais la chose même fût-elle réalisable, ce que je nie formellement, le véritable honneur ne peut jamais consister à vouloir une chose réprouvée par la justice. Or, savez-vous quelque chose de plus inique que de prétendre ravir au monde sa liberté, toutes ses libertés, et jusqu'à celles qui intéressent son culte et ses croyances?

Non, il n'y a pas, il ne peut pas y avoir un crime plus grand, plus odieux que celui-là; c'est un sacrilége. Rome elle-même, l'ambitieuse Rome, à l'époque de sa puissance, n'osa pas le commettre. Elle conquérait des États, elle envahissait des royaumes, elle donnait des fers à des peuples, mais à tous elle laissait la liberté d'honorer les dieux à leur manière, partout elle respectait les temples et les autels; vous, sous couleur de constituer une forte et puissante unité, vous entendez qu'on ne croie qu'en vous comme en Dieu, parce que vous en avez usurpé la place en ce monde.

Eh bien! une pareille prétention de votre part n'est rien moins qu'une impiété, et si les hommes du siècle présent étaient assez lâches pour y souscrire, ceux du siècle à venir, soyez en sûr, auraient assez de courage pour laver cette honte dans le sang de vos successeurs et dans celui de vos peuples : ne dites donc plus qu'il importe à votre honneur de pousser jusqu'au bout une entreprise d'un but aussi monstrueux.

Mais, peut-être, abusé par votre père, pensez-vous, comme il a pu le croire lui-même, qu'elle n'est pas au fond aussi difficile à réaliser qu'on en paraît être persuadé chez nous, par exemple. Je sais à cet égard sur quel fondement reposaient les espérances paternelles, je les ai toutes énumérées dans un opuscule tout pareil à celui-ci, et que j'ai récemment publié en France et en Angleterre, sous un titre assez bizarre, le *Sac de Nuit de Menschikoff* J'ai dit, dans ce petit livre, dont il est très-probablement parvenu quelques exemplaires en Russie, toute la politique de votre père à l'égard de ses vues sur l'Orient, et quel parti il entendait tirer de la rivalité de l'Autriche et de la Prusse, touchant l'influence que ces deux Cours aspirent à exercer sur les États allemands; j'ai dit, en les flattant toutes deux en particulier, mais bien secrètement, à l'insu l'une de l'autre, qu'il était parvenu à s'en faire des alliées toutes dévouées à sa cause, il le croyait du moins; comment il espérait, aidé de leurs armées réunies au premier signal, et la diplomatie s'en mêlant, venir à bout de son dessein; puis, le fonds qu'il faisait sur nos divisions intérieures pour arriver à se rendre maître de Paris, partant de la France.

Mais rien de tout cela pour vous, Sire, n'est maintenant un secret. Avant que d'aller rendre ses comptes là-haut, comptes bien lourds à porter et difficiles à régler, selon moi, votre auguste père a dû tout vous confier, tout vous dire; et,

s'il faut en croire ce que les feuilles publiques
ont rapporté des circonstances de sa mort, il aurait conservé jusqu'à son dernier moment un
calme, une sérénité qui déposeraient de la fer-
meté de son caractère ; d'où il est permis d'infé-
rer sa grande confiance dans le succès de l'œuvre
qu'il avait entreprise et qu'il vous a léguée pour
la continuer. Et c'est, sans aucun doute, parce
qu'il vous a fait partager ses convictions que vous
vous montrez si disposé, je devrais dire si ré-
solu, à pousser cette guerre avec plus d'ardeur
que jamais.

Eh bien ! si les considérations que je viens
d'invoquer pour vous faire renoncer à ce funeste
dessein n'ont pas touché votre âme, si vous n'a-
vez pas reconnu qu'il était injuste et, comme
tel, indigne de l'attention d'un potentat chrétien,
sachez, du moins, à quels périls il expose vos peuples et vous-même, si vous en poursuivez la
réalisation. Ces périls, je le sais, votre père n'y
a pas cru, infatué, comme il le fut toute sa vie,
de l'idée qu'il avait reçu du ciel la mission de
régénérer l'ordre social en ce monde.

Cela n'est, à vrai dire, que de la superstition ;
et des vaines théories qui en ressortent à la pratique il y a bien des abîmes !

Je vous ferai la part belle, Sire, j'admettrai
pour un moment que notre armée de Crimée,

déjà si cruellement décimée par l'inclémence de
la saison, soit écrasée par la supériorité du nombre de vos troupes. J'irai plus loin encore, je
supposerai que vos drapeaux victorieux flottent
sur le dôme de Sainte-Sophie; puis encore que
la Prusse et l'Autriche, entraînées dans votre or-
bite par ce grand succès, n'attendent plus que
votre signal pour marcher sur la France. Est-ce
que tout sera fini pour cela? Est-ce que vous
croyez pouvoir monter au Capitole pour vous
couronner de lauriers ?

Si vous croyez cela, désabusez-vous; c'est
une erreur dont vous serez bientôt revenu : ce ne
sera que *le premier acte de la tragédie*, et
c'est moi qui vous dis que le monde entier
frémira d'épouvante quand viendra le dénoue-
ment.

Permettez-moi de vous faire observer que
vous ne connaissez pas la France et que vous
ignorez surtout de quelle redoutable force elle
dispose pour anéantir ses plus fiers ennemis,
s'ils sont assez téméraires pour la venir attaquer
chez elle. La facilité avec laquelle se sont accom-
plies les deux invasions qu'elle a subies en 1814
et 1815 n'infirment en rien mon assertion; deux
mots d'explication vont vous en prouver la jus-
tesse : la différence de situation où elle était pla-
cée à ces deux époques et celle où elle se trouve

aujourd'hui achevera de vous faire comprendre ma pensée.

La France alors était lasse de l'état violent, anormal dans lequel elle était retenue depuis longues années, et auquel ses innombrables victoires n'avaient point apporté de changement. C'étaient sans cesse de nouveaux sacrifices auxquels on n'entrevoyait pas de terme, et il y avait en haut lieu bien des gens à qui cette vie de perpétuelle agitation déplaisait fort, pressés qu'ils étaient de jouir en paix de leur fortune ; et notez que beaucoup d'entre ces gens-là étaient particulièrement redevables de cette fortune à l'Empereur, qui avait fait de ceux-ci des sénateurs et de ceux-là de grands dignitaires de toutes sortes.

A côté de ces *repus* et non moins désireux d'un changement de gouvernement, évoluait un parti puissant et riche, ennemi né de la Révolution, le parti monarchique qui devait, l'occasion s'en offrant, travailler de tout son pouvoir à renverser le gouvernement impérial qui ne tenait plus au sol que par l'armée.

La bourgeoisie parisienne, celle du moins qui composait les classes commerçantes, ne se sentait pas plus disposée à le défendre, car les affaires pour elle alors n'étaient pas florissantes; elle avait, de plus, fourni un rude contingent de ses enfants aux nécessités de la guerre; ceux qu'elle avait rachetés à grand prix, à l'époque de leur conscription, il lui avait fallu s'en séparer quand l'Empereur les lui avait demandés pour en former des gardes d'honneur; très-peu revirent leurs foyers, et leurs familles ulcérées portèrent, dès ces jours-là même, une haine profonde à l'homme qui leur avait imposé de si douloureux sacrifices et qui les leur avait imposés en pure perte, car bientôt les armées étrangères, secondées d'ailleurs par d'infâmes trahisons, avaient envahi nos frontières.

Cette disposition des esprits en France explique, sans la justifier néanmoins, le peu de résistance que les troupes de la coalition rencontrèrent devant elles sur le chemin de la Capitale, puis comment elles y purent entrer presque sans combats. Sans combats! je me trompe : sur les hauteurs de Montmartre et aux buttes Saint-Chaumont, il y eut de jeunes héros, des élèves de Saint-Cyr et de l'École Polytechnique surtout, de vaillants enfants, en vérité! qui tinrent l'ennemi en échec aussi longtemps qu'ils purent faire usage de leur artillerie. Mais quand, pour le succès du plan que des traîtres avaient arrêté entre eux de livrer Paris aux alliés, on eût envoyé à ces braves jeunes gens des gargousses *de cendres* ou *de sciure de bois* pour le service de leurs pièces, il fallut bien qu'ils quittassent la partie et allâssent se faire tuer dans la plaine Saint-Denis où bon nombre de gardes nationaux indignés combattaient à outrance dans la proportion d'un contre cinquante.

Quant au peuple proprement dit, qui avait rugi à la façon du lion, en demandant des armes, mais à qui, comme de raison, on s'était bien gardé d'en donner, parce qu'on le craignait, et ce n'était pas sans raison ; ce peuple, s'il eût été mis à même de se mesurer avec l'ennemi, l'aurait certainement guéri pour longtemps de l'envie de s'approcher de la capitale.

Or, Paris n'était pas le moins du monde fortifié alors ; on y pouvait entrer de plain-pied de toutes parts ; il est maintenant défendu par un mur d'enceinte continue, relié par dix-huit forts parfaitement armés, et qui nécessiteraient autant de siéges dans lesquels une armée ennemie, tant forte fût-elle, perdrait un monde considérable.

Après cela, si divisés qu'on puisse supposer les partis politiques à l'époque actuelle, croyez bien, Sire, que tous se fondraient instinctivement dans un seul mais grand parti, le parti national, au premier bruit de la marche de vos armées vers nos frontières.

vez-vous pourquoi? C'est que cette guerre, toute de énérosité, de dévouement, que fait la France Orient, a pour elle l'appui de l'opinion, qu'elle a conséquemment un caractère vraiment national qui manquait à celle du temps que je rappelle, et qui lui manquait par toutes les raisons que je vous ai dites.

Ne perdez pas non plus de vue que le parti légitimiste, par exemple, sur lequel votre père avait fondé, je n'en doute pas, de grandes espérances, ne ferait quoi que ce soit pour les réaliser. Non, prissiez-vous même aujourd'hui l'engagement de lui ramener Henri V pour l'asseoir sur le trône de ses pères, ses partisans les plus dévoués ne se laisseraient pas prendre à vos promesses. Voulez-vous en savoir la raison? Je vais vous la dire : c'est que vous avez commis en politique l'impardonnable faute d'avouer, dans toute sa crudité, l'intention de réaliser le plan de domination universelle rêvée par Pierre le Grand. C'était là, permettez-moi de vous le dire, ce qu'il fallait soigneusement cacher au monde, bien loin de le proclamer hautement comme on l'a fait. C'est bien certainement une faute que n'eût pas commise notre Louis XI, qui pratiquait si habilement la dissimulation élevée à la hauteur de maxime d'État, à l'usage des têtes couronnées, et qu'il avait constamment à la bouche : *Qui nescit dissimulare, regnare nescit.*

Si l'idée lui fût venue, comme elle vint plus tard à votre illustre aïeul, de fonder une monarchie universelle, bien loin d'en confier le secret à personne, il aurait jeté son bonnet au feu, s'il eût pu l'en soupçonner instruit. Il se serait dit : Je vais, sous le manteau de l'intérêt de mon peuple, profiter de toutes les occasions d'étendre sa puissance, en me mêlant à toutes les affaires de mes voisins; je brouillerai, le plus adroitement possible, ceux-ci avec ceux-là, pour me rendre nécessaire à tous et augmenter ainsi mon influence, et, dans les circonstances fournies en apparence par le hasard, mais que j'aurai fait naître à mon temps, à mon heure, j'agrandirai mes États aux dépens de qui de droit, au moyen d'alliances assez fortes pour me bien seconder, alliances dont je saurai plus tard me dégager, quand je me serai senti assez fort pour m'en passer. Et quand, enfin, de proche en proche, j'aurai accru ma puissance au point où j'aurais jugé utile de la porter pour pouvoir toucher mon but, alors, seulement alors, j'y marcherai résolument, mais je ne l'avouerai que quand je l'aurai complétement atteint; jusque-là je me servirai de tout ce qui pourra m'aider à y arriver plus sûrement et plus vite.

Ainsi Louis XI, à la place de Pierre le Grand, se serait bien gardé de laisser soupçonner qu'il voulût soumettre le monde à ses lois; bien moins encore eût-il exprimé l'intention de lui imposer sa foi religieuse! Si je commets cette indiscrétion, eût-il pensé, j'échouerai certainement, car j'aurai tout le monde contre moi ; je l'aurai contre moi, parce que chaque roi, sentant comme moi les charmes du pouvoir, et du pouvoir absolu, aucun d'eux ne se sentira bien jaloux de m'aider dans mon œuvre, attendu qu'il craindra, et ce ne sera pas sans raison, de se voir tôt ou tard absorbé dans la grande unité que j'aurai exprimé l'intention de constituer à mon profit ; on répugne toujours, si petit souverain soit-on, à descendre vis-à-vis d'un plus grand au rôle de simple vassal, et à se soumettre à d'autres lois que celles qu'on a faites soi-même.

C'est ce que Pierre le Grand n'a pas senti quand il a fait son testament, et ses successeurs ne paraissent pas avoir montré plus de prudence en proclamant, aussi ouvertement qu'il n'ont pas craint de le faire, que ce même testament servirait désormais et à toujours de fondement à leur politique.

Il eût été bien plus adroit, ce me semble, de se borner à médire de l'esprit du temps, à faire le procès aux idées révolutionnaires, d'en effrayer les rois, enfin, en les leur montrant, comme toujours, prêtes à saper leur pouvoir. Comme tout porteur de sceptre est naturellement jaloux de l'autorité qu'il exerce, et se montre, en général, plus porté à l'étendre qu'à la restreindre, il est à croire que beaucoup d'entre eux, sinon tous, auraient prêté une oreille complaisante à ces douces insinuations, et se seraient montrés disposés à entrer dans une ligue qui aurait eu pour but apparent la restauration de l'absolutisme à leur profit ; la Russie, en jouant ce rôle, n'eût certes pas manqué d'adhérents pour l'assister dans cette grande entreprise.

Autre force à joindre à celle-là, c'eût été d'intéresser la noblesse à faire cause commune avec ses maîtres ; disposée, comme elle l'a toujours été et comme elle l'est encore aujourd'hui, à se croire indispensable à la splendeur des trônes, elle aurait secondé ce mouvement avec une ardeur proportionnée à son désir de ressaisir ses priviléges : reconstituer une aristocratie riche et puissante, telle qu'elle était au temps du bon plaisir ; faire luire à ses yeux un pareil espoir, c'était la conquérir d'emblée à cette sainte union et rendre cette dernière en quelque sorte invincible.

Mais l'indiscrétion des successeurs de l'auteur du testament en question a tout gâté, tout compromis ; il n'est plus possible au chef de l'Empire russe, quel qu'il soit, d'abuser personne en Europe sur ses intentions ; et Votre Majesté, moins que tout autre, en doit nourrir l'espoir, en raison du manifeste qu'elle a récemment publié. C'est une justice à vous rendre, vous n'y avez pas mis d'hypocrisie ; vous ne vous êtes point abaissé à feindre des sentiments que vous n'avez pas ; vous avez hardiment déclaré votre intention de suivre la politique de vos prédécesseurs. C'était clairement en avouer le but, en en rapportant tout l'honneur à son auteur et en vous faisant gloire de suivre ses engagements.

Feu le père de Votre Majesté n'y avait pas mis autant de franchise : s'il marchait sans s'arrêter vers ce but, il n'avait pourtant pas jugé qu'il fût prudent de se montrer aussi explicite, et c'est peut-être à cette réserve qu'il a dû de gagner à sa cause les deux auxiliaires qu'il s'était adjoints, les cours de Berlin et de Vienne.

Peut-être même, pour mieux s'assurer de leur concours dans la réalisation des grands desseins qu'il nourrissait, leur avait-il persuadé, à toutes deux séparément, qu'il partagerait avec elles l'empire du monde. Comment ne pas le supposer quand il avait essayé, à l'aide d'un *leurre* tout pareil, de s'assurer de l'appui de l'Angleterre, comme les salutaires indiscrétions de lord Seymour l'ont si récemment appris à l'Europe ? La Grande-Bretagne a décliné l'honneur de cette offre brillante qui ne comprenait encore que le partage des dépouilles de la Turquie. A part l'honnêteté des motifs de son refus, on peut croire que son défaut de confiance dans la sincérité de ces avances a contribué pour quelque chose à les lui faire repousser ; elle aura craint, une fois en possession de sa part d'héritage, de s'en trouver inopinément dépossédée par un de ces mille moyens subreptices qu'une grande Puissance est toujours en état d'employer pour revenir sur des arrangements qui ont cessé de lui convenir.

Mais vous, Sire, comme vous n'avez pas daigné jeter le moindre voile sur le projet favori de votre famille, qu'il reste bien entendu, pour tout le monde aujourd'hui, que vous aspirez à tout absorber autour de vous, pour fonder, au profit de la Russie exclusivement, l'empire rêvé par Pierre le Grand, il est pour vous à craindre que les deux Puissances sur lesquelles votre auguste père croyait pouvoir compter, parce qu'il avait réussi à flatter leur convoitise, ne fassent défaut à vos espérances, convaincues qu'elles doivent être maintenant que leurs sacrifices ne profiteraient qu'à vos seuls intérêts, ou, ce qui revient absolument au même, à l'ambition moscovite.

Aussi suis-je présentement beaucoup plus rassuré sur le sort de l'Europe et l'issue de cette guerre, que je ne l'étais, il y a quelques mois, quand j'extrayais les documents politiques renfermés dans *le sac de nuit de Menschikoff*. Et grâces en soient rendues à votre franchise, c'est votre manifeste qui m'a fait ce bonheur ; il est si précis et si clair ; il exprime si nettement vos vues, qu'il n'est maintenant plus à craindre que l'Autriche et la Prusse puissent jamais être tentées de vous aider à les réaliser en vous prêtant l'appui de leurs armes ; elles ont dû comprendre de reste que, le faisant, elles se forgeraient de leurs propres mains les chaînes qui plus tard les attacheraient en esclaves au joug de la Russie : si elles ne sont pas, à l'heure qu'il est, également pénétrées toutes deux de cette idée, je les déclare absolument privée de tout sens moral, et si tel est, en effet, l'état des facultés mentales des deux souverains qui règlent les destinées de ces puissants royaumes, *je me fie au bon sens de leurs peuples* pour les rendre à la raison.

Donc, vous pouvez, Sire, remporter sur nous en Crimée autant d'avantages que vous en puissiez souhaiter, nous saurons bien un peu plus tard prendre sur vous d'éclatantes revanches ; mais, de quelque façon que tournent les choses, la victoire même vous restât-elle pour un certain temps fidèle, quand il s'agira pour vous de marcher contre la France, ne comptez pas sur les deux Puissances en question pour vous assister ; trop heureux si vous réussissez à les obliger à garder la neutralité, si elles n'unissent pas franchement cette fois leurs efforts aux nôtres pour vous barrer le passage d'abord, et vous refouler ensuite dans vos États, en y portant avec nous la guerre : le soin de leur sûreté pour l'avenir leur en ferait un devoir.

Dans cette situation, seul contre tous, que pouvez-vous espérer de l'issue de cette lutte inégale? Vous ne pensez sans doute pas qu'elle doive être favorable à vos armes, et pourrez-vous jamais vous consoler, sinon de l'avoir engagée, du moins de l'avoir continuée quand vous pouviez si facilement la faire cesser, comme le trépas soudain de votre père vous en offrait les moyens. Il vous est maintenant difficile, j'en conviens, de sortir honorablement de ce mauvais pas ; maintenant que vous avez commis la faute, passez-moi la sévérité de l'expression, d'exalter dans votre manifeste l'orgueil de vos peuples, de prendre vis-à-vis d'eux l'engagement de les maintenir dans le *haut degré de puissance et de gloire* où vos ancêtres ont réussi à les faire arriver ; que vous les avez même flattés du chimérique espoir de les faire monter encore plus haut. Comment réaliserez-vous ces pompeuses promesses, auxquelles ils croient maintenant comme à des paroles d'É-vangile, parce qu'elles sont sorties d'une bouche qui, dans leur opinion, a toute l'autorité d'un oracle. Encore un coup, qui vous obligeait à leur tenir un pareil langage?

Peut-être avez-vous pensé que vos sentiments de tendresse filiale et votre respect pour la mémoire de votre père vous en faisaient une nécessité; que vous ne pouviez sans honte désavouer sa politique. En cela encore, souffrez que je vous le dise, vous avez commis une erreur, parce que c'était bien moins vos sentiments de fils que vos devoirs de chef d'un grand État qu'il fallait consulter en cette grave circonstance. Vous auriez reconnu, si vous l'eussiez fait, que le premier et le plus sacré de ces devoirs pour un souverain est de tout rapporter au bonheur de ses sujets, de les maintenir surtout dans la voie de la modération et de la justice quand il s'aperçoit qu'ils s'en sont écartés, n'importe par quelles causes; c'est là leur suprême intérêt, qui trouve, du reste, sa sanction dans la raison humaine et dans la loi divine.

Or, il vous était facile de reconnaître que la politique de votre père était complétement fausse sous ces rapports essentiels; qu'elle était plutôt de nature à compromettre qu'à servir les intérêts de la Russie, puisqu'elle l'exposait, dans un misérable but d'ambition, à voir toute l'Europe en armes contre elle lui demander raison de sa flagrante injustice envers la Turquie, et, par suite, à titre de réparation, l'obliger par la force à des sacrifices qui devront lui paraître bien durs après de pareils enivrements.

Si telles devaient être les conséquences de cette politique, il convenait donc bien plutôt de s'en départir que de la continuer, puisqu'elle devait, en fin de compte, devenir si fatale à vos sujets et à vous-même. Votre Majesté connaît l'adage latin : *Errare humanum est, sed perseverare diabolicum.* Et, à supposer que votre auguste père ait pu se tromper, vous ne serez point excusable, vous, de persévérer dans son erreur après l'avoir reconnue.

Il vous aurait d'ailleurs été si facile de faire revenir vos peuples de la fausse voie dans laquelle ils sont si malheureusement engagés qu'il y a lieu de s'étonner que vous les ayez encore poussés plus avant par les déclarations contenues dans votre manifeste. Facile! me direz-vous; comment ?

O mon Dieu! par un moyen bien simple!

Vous n'aviez qu'à étendre tant soit peu les dispositions de votre père à rendre la paix au monde, et l'on vous aurait cru sur parole; ses volontés avaient toujours été si respectées de son vivant, dans tout l'empire, qu'on aurait cru faire un outrage à sa mémoire en ne se soumettant pas à celles qu'il aurait exprimées à ses derniers instants.

Ç'eût été un mensonge.

Soit, mais de ces mensonges-là, Dieu, soyez en sûr, ne s'offense guère, ou, du moins, il ne manque jamais d'indulgence pour ceux qui les font à si bonne intention, et la Russie n'aurait pas pensé non plus à vous reprocher celui-là, quand, plus tard, il lui fût arrivé de découvrir que vous ne lui aviez pas dit toute la vérité; les avantages que la paix lui aurait fait recouvrer vous eussent plus qu'excusé à ses yeux, vous seriez devenu le constant objet de sa reconnaissance, vous auriez fait revivre pour elle Alexandre *le bien aimé.*

Peut-être objecterez-vous qu'il existe en Russie un parti fortement infatué des idées de Pierre le Grand, qui rêve comme lui l'asservissement du monde, et qui, pour atteindre ce but, est resté fidèle à sa politique, à celle qui consiste à brouiller les peuples entre eux pour profiter de leurs divisions, afin de pouvoir plus sûrement accroître le territoire russe par voie de conquête. Ce parti, c'est celui de la guerre, parti puissant peut-être, formé qu'il est des vieux boyards, les plus puissants du pays, et auxquels, par cette raison, il ne vous a sans doute pas paru prudent de résister.

Vous avez pu craindre, en faisant voir des dispositions pacifiques, qu'ils ne vous regardassent comme indigne de régner sur eux, et qu'ils ne jetassent les yeux sur quelqu'un de vos frères, auquel ils auraient supposé des qualités plus en rapport avec leurs propres vues, beaucoup d'opiniâtreté et un caractère essentiellement belliqueux. Cette idée de vous voir préférer dans votre famille un prince jugé plus en état que vous d'accomplir l'œuvre de votre illustre aïeul a pu faire sur votre âme assez d'impression pour vous déterminer à la funeste résolution que vous avez prise de continuer à tous risques cette guerre sauvage.

Laissez-moi vous dire qu'il y aurait eu de votre part plus de vrai courage à vous prononcer résolument pour la paix, à braver les mécontentements, les murmures de ce parti fanatique, insensé ; qu'il était de votre devoir de souverain de le sauver, malgré lui, des périls où le jette son aveuglement.

Je me place en pensée dans votre position, et, pénétré de l'effrayante responsabilité qui, dans de telles circonstances, pèse toujours sur la tête du chef d'un grand empire, j'aurais immédiatement convoqué, en même temps que ma noblesse, tous les chefs de ce prétendu parti de la guerre, et je leur aurais dit le vrai de la situation, sans leur en rien déguiser ; vous n'eussiez pas manqué de trouver autour de vous beaucoup d'hommes sages, assez instruits pour la bien exposer dans le sens de vos idées et de la vérité.

Ils auraient fait ressortir d'abord la profonde injustice des prétentions émises devant le Divan, et qui n'allaient à rien de moins qu'à introduire dans le droit des nations un principe subversif de tout ordre, de toute autorité, principe contre lequel proteste, à bon droit partout, la raison humaine, tant il comporte d'abus et de dangers de toutes sortes.

En effet, si, sous ce spécieux prétexte de protéger des coréligionnaires établis en un pays quelconque, on admet qu'on a par ce fait seul le droit de s'immiscer dans les affaires de ce pays, qu'y devient l'autorité du gouvernement, qu'y devient même celle des lois qu'il a jugé à propos d'y faire régner? Si, par l'établissement de juridictions ou de tribunaux différents des siens, on prétend faire ressortir à ces mêmes tribunaux les conflits religieux qui peuvent s'élever entre les étrangers et les nationaux, qui peut nier qu'il n'en doive résulter de grands désordres? Et quelle raison y aurait-il, le principe en question une fois admis, de ne pas l'étendre à tous les intérêts autres que ceux de tel ou tel culte religieux? Quel État, quel Empire, tant fortement constitué fût-il, pourrait se flatter de vivre au milieu d'éléments dissolvants de cette nature?

Sans compter que, si cette concession pouvait être faite à une Puissance, un État quelconque, il la faudrait faire à tous les autres États qui jugeraient à propos d'en user ; il le faudrait, sous peine de commettre, en le leur refusant, une haute et criante injustice, en même temps qu'un outrage, deux griefs dont ils ne manqueraient pas de demander réparation par la voie des armes.

Le cabinet russe, en voulant obliger la Turquie à souscrire à de pareilles conditions d'existence, a donc évidemment outrepassé son droit, il a manifestement abusé de sa force vis-à-vis d'un État trop faible pour lui pouvoir résister, s'il restait seul exposé à ses coups : cela c'est commettre une odieuse injustice ; c'est un crime de lèze-humanité qui crie devant le Seigneur ; pourrait-on, sans l'offenser, persister dans cette iniquité ?

Cette première question posée, et à laquelle il me semblerait difficile de répondre par l'affirmative, vous auriez joint un exposé fidèle des nombreux avantages attachés au rétablissement de la paix. Vous auriez parlé des douloureux sacrifices et des pertes de toutes sortes que l'état de guerre imposait à toutes les classes de l'empire, aux plus élevées comme aux plus humbles, pertes et sacrifices dont il n'était pas plus aisé de dire le chiffre que d'indiquer la durée ; car, quel terme assigner à une guerre où l'on se trouve avoir pour adversaires directs les deux plus puissantes nations de l'Europe occidentale, la France et l'Angleterre?

Vour en auriez pris occasion pour faire l'éloge de la voie dans laquelle sont entrées ces Puissances depuis quarante ans.

Pendant que nous poursuivions sans relâche, auriez-vous pu ajouter, nos projets d'agrandissement territoriaux, elles s'appliquaient, elles, à s'avancer dans la voie du progrès; elles demandaient à la science des moyens d'activer la marche de l'esprit humain, dans toutes les directions, pour augmenter la somme de ses connaissances et la masse de ses lumières. La science a souscrit à leurs vœux, en leur révélant les mystérieux phénomènes de la vapeur et de l'électricité, en leur en disant les propriétès, l'irrésistible force et l'incalculable rapidité; elle leur a fait connaître les innombrables applications dont elle les jugeait susceptibles. L'industrie s'est mise à l'œuvre, et elle a réalisé des merveilles dont les chemins de fer et les télégraphes électriques sont devenus partout d'éclatants témoignages. Par eux se sont effacées les distances, par eux les rélations humaines se sont multiplées à l'infini, en raison de l'extrême facilité qu'elles ont trouvée à s'établir. L'industrie et le commerce en ont acquis tant et de si précieux avantages qu'on aurait peine à les nombrer. La richesse publique s'est accrue au cœur de ces deux Puissances, au point qu'on n'oserait le concevoir; c'est dire assez de quels sacrifices elles sont capables pour assurer le triomphe d'une cause pour laquelle leur honneur, non moins que leur intérêt, leur semblerait engagé : or, l'un et l'autre le sont dans cette fatale guerre. La Grande-Bretagne craint à bon droit pour ses possessions de l'Inde, si nous venons à occuper Constantinople, et la France, habituée à regarder la Méditerranée comme relevant de son pavillon, ne nous verrait pas de sang froid maîtres absolus du Bosphore; et, véritablement, nous ne pouvons pas la désapprouver.

C'est donc contre ces deux puissants États, naguère si paisibles, que nous luttons aujourd'hui; pouvons-nous bien, sans nous faire illusion, nous flatter, je ne dirai pas de les vaincre, mais de pouvoir résister longtemps aux maux qu'ils peuvent nous faire souffrir? pour moi, je ne le pense pas, et je crois, sauf meilleur avis, qu'il serait beaucoup plus sage à nous de nous accommoder avec eux, dans l'état actuel des choses, que d'attendre, pour le faire, qu'elles se soient plus aggravées.

Si, à cette partie de ce discours, Sire, des murmures d'indignation eussent éclaté dans l'assemblée, vous eussiez pu, pour les réprimer, ajouter d'une voix haute et ferme, ce sont mes convictions, il est de mon devoir de vous les exprimer, pour que nul parmi vous ne soit en droit plus tard de me reprocher les malheurs du pays, faute de l'avoir suffisamment éclairé sur les dangers de cette guerre. Si je la désapprouve et vous conseille la paix, c'est que je crois la paix nécessaire à votre bien à tous, à vos fortunes d'abord, à votre tranquillité, ensuite à votre honneur.

A vos fortunes, parce que je serai forcé d'y faire plus d'une brèche, si la guerre se prolonge; et, sans doute, la tranquillité de vos familles en souffrira, obligées qu'elles seront à bien des sacrifices parmi lesquels elles en compteront de très-douloureux, car la guerre moissonne bien des victimes, et choisit souvent de préférence les plus nobles. Et, quant à votre honneur, outre qu'il se trouve ici tout entier engagé dans une cause injuste, il pourrait arriver, sans miracle, que la victoire ne fût pas longtemps fidèle à vos armes. Or, si elle cessait de l'être, si les vaincus du moment redevenaient vainqueurs le moment suivant, songez aux humiliantes conditions que vous pourriez être obligés de subir pour en obtenir la paix, cette paix que vous repoussez maintenant comme une injure à votre fierté! Ce ne serait pas seulement la destruction de quelques établissements de la Mer Noire que vous auriez à déplorer, ni même la perte absolue de la Crimée, ce serait l'anéantissement total de la puissance Moscovite, car un ennemi victorieux va loin en fait de représailles, quand il a vu repousser une fois avec dédain des propositions qui s'accordaient avec la justice ; il voit dans cette persistance obstinée à refuser de se rendre à la raison, un parti pris qui lui semble une menace permanente pour l'avenir, menace contre laquelle il semble ne pouvoir jamais trop se prémunir. Il exige de telles garanties, qu'elles deviennent presque toujours l'équivalent de la ruine absolue, complète, du Royaume ou de l'Empire qui a repoussé ses propositions, au temps où l'on se croyait le plus fort.

Vous auriez dit en cela, Sire, une grande vérité à votre peuple, vérité qui l'eût éclairé à temps pour l'empêcher de tomber dans l'abîme dont vous lui auriez par là montré la profondeur, abîme où trop malheureusement votre inconcevable manifeste aura, je le crains bien, contribué pour beaucoup à le précipiter.

Il y tombera, soyez-en sûr, même quand la victoire favoriserait vos armes en Crimée, lors même, comme je l'ai dit à Votre Majesté, que votre aigle impériale flotterait sur le dôme de Sainte-Sophie. Et, en effet, ne croyez pas que la France et l'Angleterre pensâssent plus pour cela à faire la paix avec vous ; leur intérêt, autant que leur honneur, leur interdirait d'y penser, et, parce qu'elles auraient perdu une armée dans une entreprise rendue malheureuse par toutes sortes d'accidents impossibles à prévenir parce qu'on ne pouvait pas les prévoir, n'allez pas croire qu'elles se sentiraient découragées, ni qu'elles manqueraient de moyens de prendre bientôt sur vous une terrible revanche, vous vous abuseriez étrangement ! Grâce à l'esprit guerrier de la France et à ses susceptibilités nationales à l'endroit de l'honneur, les armées sont ce qui chez elle se reconstitue avec le plus de facilité ; il y a sur ce vieux sol franc autant de soldats que d'hommes, Dieu merci ! et ceux qui auraient succombé en Crimée ne tarderaient pas à trouver des vengeurs ; ce ne serait, comme je vous l'ai dit, que le premier acte de la tragédie, et, en quelques lieux que dûssent se dérouler les autres actes, soyez sûr que le sang moscovite y coulerait de manière à vous ôter bientôt la force de prolonger cette lutte inégale autant qu'elle est odieuse, impie, de votre part.

Inégale, elle l'est, et vous devez en convenir, si vous comparez le peu de moyens dont vous permet de disposer la barbarie de vos peuples aux moyens que nous offre, à nous, l'état avancé de notre civilisation. Vous ne connaissez que la force aveugle et brutale, celle qui consiste à lancer des masses armées, numériquement supérieures à celles qui vous sont opposées ; nous, nous disposons d'une force intelligente qui sait faire ressource de tout et dont l'énergie morale reste toujours supérieure aux événements, même à la mauvaise fortune. La France, en tout temps, à toutes les époques, n'en a-t-elle pas fourni la preuve ?

Presque tout entière au pouvoir des Anglais, sous le roi Jean, n'a-t-il pas suffi, sous Charles VII, du bras d'une femme pour leur arracher partout leurs conquêtes ? Affaiblie, divisée par les sanglantes fureurs de la Ligue, n'a-t-elle pas repris sa vigueur et son éclat sous Henri IV ? A quelle apogée de gloire n'est-elle pas montée sous Louis XIV ? Et, quand éclata comme un coup de foudre sa grande et profonde révolution de 89, tous les rois ligués contre elle ont-ils pu résister au choc de ses armées ? La République ne les a-t-elle pas tous vaincus sur les champs de bataille où a flotté son drapeau ? La France est toujours restée grande, riche et puissante, même au sein des revers que lui a fait subir la trahison, et, au lendemain des lourds sacrifices que lui imposèrent les deux invasions dont vous évoquez le souvenir, n'était-elle pas riche encore au point de faire à ses nouveaux souverains la plus fastueuse existence? Et, à quelques années de là, ne vengeait-elle pas les humiliations de la chrétienté en l'affranchissant, par la force des armes, des honteux tribùts que les pirates d'Alger osaient lever sur elle? En même temps qu'elle lavait dans le sang des coupables ces affronts trop longtemps soufferts et qu'elle détruisait leur repaire pour le transformer en colonie et l'ajouter à son sol, n'effaçait-elle pas non moins glorieusement cette autre honte tout aussi flétrissante pour l'humanité et qui avait pour objet le trafic de la liberté des noirs? L'infâme coutume de vendre ces infortunés comme du bétail sur tous les marchés du globe n'a-t-elle pas disparu comme par magie, quand la grande voix de la France s'est élevée pour la proscrire? Quelle autre Puissance qu'elle en Europe eût pù rien tenter de pareil et réussir, soulevant par là tant et de si grands intérêts, si elle n'eût pas soutenu par la vigueur de ses actes la hauteur d'un pareil langage?

Ce que la France fut en ces temps difficiles, elle continuera toujours de l'être, soyez-en bien persuadé, transportassiez-vous même dans son sein toutes les forces armées de votre empire. Interrogez les souvenirs des vieux généraux qui l'envahirent de concert avec vos alliés, tous vous

diront unanimement l'impression qu'ils ressen-
tirent en traversant nos départements : ils les
croyaient dépeuplés, épuisés de tout; ils furent
saisis d'étonnement en voyant partout une popu-
lation si nombreuse et surtout si active. Cette
impression arriva jusqu'à l'effroi, quand, entrés
dans Paris, ils virent une masse compacte de
peuple, suffisante à former une armée d'un
demi-million d'hommes et à laquelle il semblait
qu'il n'y eût que le mot vengeance à prononcer
pour la faire courir aux armes.

Si ce terrible mot eût été dit, c'eût été fait de
toutes les forces entrées dans Paris, et il en eût
été de même, en moins d'une semaine, de toutes
celles qui se trouvaient disséminées dans les départements. Tout s'est passé paisiblement, grâce
à la situation où se trouvaient alors les esprits;
mais il en serait bien autrement, vous devez le
croire, si vous tentiez à nouveau l'aventure avec
vos alliés, à supposer que vous en trouvassiez
d'assez imprudents pour vous accompagner dans
ce périlleux voyage.

Comme on saurait que, de cette fois, ce serait
pour *confisquer la civilisation* que vous l'auriez
entrepris, comptez bien qu'elle serait vite en
mesure de vous faire *la reconduite.*

Je ne vous dis que cela, Sire, et je vous le dis
dans votre intérêt autant que dans celui de votre

empire, si vous voulez le conserver à peu près tel qu'il est présentement, à cela près des quelques coupures que nous croirons utile d'y pratiquer pour assurer la paix du monde, renoncez, dès aujourd'hui même, à d'iniques et irréalisables projets qui lui ont déjà coûté si cher et pour lesquels la Russie elle-même s'est épuisée d'hommes et d'argent. Oser mettre la barbarie aux prises avec la civilisation et penser que celle-là l'emportera sur celle-ci, mais c'est de la démence cela! C'est supposer que Dieu puisse être vaincu par l'homme, car Dieu c'est l'intelligence même, c'est le génie dans sa plus haute expression, et la civilisation participe de cette intelligence en accomplissant de son mieux sa loi suprême, le progrès. Et le progrès, sachez-le bien, n'est pas possible, il fait toujours défaut là où manque la liberté. Or, c'est là ce qu'on chercherait vainement dans vos États, et voilà pourquoi, tout vastes qu'ils sont, ils restent si inférieurs à des empires de bien moindre étendue, mais où l'esprit humain a *ses coudées franches.* Là, il y a du sentiment national et de la grandeur dans les idées, alors qu'il n'y a chez vous que de l'ignorance et de l'abrutissement, de la superstition et du fanatisme, tenant lieu de religion; voilà pourquoi vous pouvez, sans être soupçonné par vos peuples d'inconséquence et de mensonge, vous dire le représentant de Dieu sur la terre, parler d'orthodoxie et de foi religieuse, alors qu'il serait si facile de dissiper tout ce prestige et de vous perdre dans leur esprit, en leur faisant remarquer *qu'ils sont esclaves*.

Or, un tout petit livre, un livre comme celui-ci, par exemple, suffirait à leur démontrer cette vérité que vous transgressez à leur égard la loi de l'Évangile, en les privant de leur liberté ; car n'est-ce pas, dites-le moi, pour affranchir l'humanité de toutes les servitudes qui pesaient sur elle à l'époque païenne, que le Christ est mort sur un infâme gibet; et, de ce jour-là même, ceux qui ont cru en lui ont-ils pu sans outrager sa religion vouloir que leurs égaux, leurs frères devinssent leurs esclaves? Vous voyez donc bien, Prince, que le brillant piédestal qui vous fait si grand aux yeux de vos sujets serait brisé, et que vous tomberiez bien bas dans leur estime, si cette simple mais incontestable vérité pénétrait un jour dans leur esprit, n'importe par quelle voie !

Elle est bien précaire la puissance qui ne peut pas soutenir une lutte avec une idée de cette valeur ; mais comment l'empêcher, cette idée, de faire son œuvre, d'illuminer les esprits à son heure, quand elle a reçu de la Providence l'ordre de marcher? Ce ne sont ni les flottes ni les armées qui peuvent l'empêcher d'avancer ; elle va de proche en proche répandre ses clartés sur tous les peuples successivement pour les conquérir à la liberté.

Et voulez-vous que je vous dise le vrai motif de la guerre actuelle, celui qui a décidé votre père à la faire? Ce motif est tout entier dans la crainte que lui inspiraient les dispositions de la Porte à s'abandonner à l'influence des idées civilisatrices de la France.

C'est fait du pouvoir suprême en Russie, pour moi et mes successeurs, s'est-il dit, si je souffre qu'un État despotique presque, semblable au mien et dans mon proche voisinage, se transforme en pays de liberté; c'est un exemple par trop contagieux pour mes sujets, et il faut qu'à tout prix je me prémunisse contre ce danger, si je ne veux pas, sous peu d'années peut-être, le voir éclater au sein de l'empire; avant donc que la Porte n'ait fait plus de progrès dans cette funeste voie, hâtons-nous de lui faire la guerre; puis, si, comme je le suppose, l'Angleterre et la France embrassent son parti, eh bien! je prendrai mes mesures pour leur tenir tête à tous trois; cela me fournira de plus l'occasion d'aller tuer l'esprit révolutionnaire au cœur même du pays qui lui a donné naissance. Je la saisirai d'autant plus ardemment que, si je réussis, comme j'en ai l'espoir, cette victoire me donnera l'empire du monde. Ainsi se trouvera réalisé le vœu le plus cher de l'immortel Pierre le Grand.

Et vous avez, comme de raison, partagé cette illusion, sans vous être rendu compte des obstacles qui se dresseraient devant vous à chaque pas que vous feriez dans cette voie d'iniquité, vous vous en êtes du moins dissimulé les périls. Eh bien, laissez-moi vous répéter qu'ils sont aussi nombreux que terribles et que nulle force humaine ne saurait leur résister; que vous-même succomberez inévitablement dans cette guerre, si vous vous obstinez à en poursuive le but insensé. Vous succomberez, eussiez-vous pour vous assister le funeste génie de destruction de vos ancêtres des temps les plus reculés de votre histoire, ces temps où la Scythie dressait des autels à Teutates et les arrosait de sang humain, ces temps où les sauvages habitants de ses forêts essaimaient par millions sur l'Asie pour la ravager et y semer l'épouvante et la mort.

Ces temps, fort heureusement passés pour le repos de l'humanité, ne reviendront plus pour personne, et moins encore pour les descendants de pareils barbares que pour bien d'autres encore qui pourraient faire de pareils rêves. Attila, même le féroce Attila, ce chef si redoutable des Huns, dont vous descendez, Attila, *ce fléau de Dieu,* comme il aimait à se qualifier, reviendrait sur la terre avec ses cruels instincts et sa science de la guerre, qu'il serait pris en pitié par notre époque, et, traînât-il à sa suite des hordes dix fois plus nombreuses que celles qui l'aidèrent, au temps de sa gloire, à ruiner, à détruire l'Empire romain, déjà si profondement miné par ses propres vices, qu'il échouerait misérablement dès les premiers pas qu'il ferait pour envahir l'occident de l'Europe.

L'envahir tout entier, Prince, c'est là, ni plus ni moins, la tâche que vous a léguée votre père, tâche que vous avez acceptée, et vous sentez qu'elle ne serait pas assurée, si elle n'était pas absolument complète, si de çà ou de là, n'importe où, vous laissiez subsister une apparence, une ombre de liberté ; c'est l'effacement général, absolu de la forme et de l'esprit du temps présent que vous voulez réaliser, ou bien cette guerre n'a pas d'objet, elle est absurde en fin comme en principe, ou la logique humaine n'existe pas, et il faut qu'elle soit bien inconnue en Russie pour qu'on se soit si étrangement fourvoyé dans les embarras d'une aussi folle entreprise, puis de n'en avoir pas saisi du premier coup d'œil les fatales conséquences !

Eh quoi ! votre père n'a pas vu et vous n'avez pas compris vous-même que c'était là tenter une œuvre impossible ?

Je vous disais tout à l'heure quelles grandes choses avait faites la France à elle toute seule ; c'est la vérité, mais, si elle a réussi, c'est que ces choses par elles-mêmes étaient justes et morales et qu'elles avaient par cela seul l'appui de l'opinion, ce qui leur prêtait une force irrésistible. Mais vous qui voulez, au contraire, une chose inique, qui révolte la conscience humaine, attendez-vous que cette force, si favorable aux causes justes, se tournera contre vous, qu'elle vous brisera comme un verre fragile, au premier coup que vous essayerez de nous porter.

La vraie force ici-bas, naît du droit, c'est-à-dire de la raison unie à la justice ; c'est cette force là seulement, Dieu l'a voulu ainsi, ne nous en plaignons pas, qui peut fonder quelque chose de durable et sur quoi la perfectibilité de l'esprit humain puisse suivre et continuer son œuvre, l'œuvre du progrès, jusqu'à la consommation des siècles.

Eh bien, je vous répète que vous vous mettez, peut-être sans vous en douter, en travers des desseins de Dieu sur l'humanité ; et prenez-y garde ! ce n'est pas seulement une témérité, une folie, c'est un défi jeté à sa puissance : osez, après cet avertissement, faire un pas de plus dans cette voie et vous verrez quel châtiment vous attend !

Ah ! c'était déjà beaucoup trop au-dessus de

vos forces que de vous attaquer à la France ; que sera-ce, bonté divine ! quand elle aura pour l'assister contre vous les peuples, tous les peuples qui vivent autant dire de sa vie morale, qui ont adopté ses idées, ses principes, ses lois, imité ses institutions et adopté, tout en les modifiant, les formes de son gouvernement ?

S'attaquer à la France, à ce peuple initiateur qui de tout temps a marché le premier, à la tête des nations ! mais c'est vouloir les avoir toutes contre soi ; et le péril est bien plus grand encore pour l'agresseur, unie qu'est maintenant la France à son ancienne rivale, à l'Angleterre, cette autre Puissance formidable sans l'assistance de laquelle les invasions, dont la Russie se montre aujourd'hui si fière, n'eussent jamais été possibles.

Hâtez-vous, Sire ! de revenir d'une aussi funeste erreur, d'une erreur qui vous coûterait si cher, alors même que quelques avantages passagers vous feraient croire à la possibilité du succès ! loin que ces avantages exaltent votre confiance regardez-les plutôt comme une de ces perfides faveurs que la fortune accorde à ceux qu'elle a mission d'attirer dans un piége pour mieux assurer leur perte ; profitez-en plutôt pour proposer la paix à vos ennemis à des conditions honorables, toutes remplies de garanties pour tenir à jamais le monde à l'abri du retour de semblables calamités; faites de vous-même, dans cette vue, tous les sacrifices nécessaires à ce suprême intérêt, et faites-les de telle sorte que jamais vos successeurs ne puissent reprendre cette œuvre d'ambition et de conquêtes qui a déjà tant coûté de sang à l'humanité. Il faut qu'il en soit ainsi, il faut avoir le courage de briser de vos propres mains le fatal ressort de la puissance moscovite en délaissant les positions qui maintiennent si funestement sa prépondérance dans la mer Noire; il le faut! car qui pourrait répondre, les conservant, qu'un de vos successeurs, qui n'aurait pas vos sentiments de justice et qui se sentirait au contraire au cœur de l'ambition, ne détruirait pas votre œuvre de pacification! Ces positions abandonnées, détruites, et la Mer Noire restant ouverte à toutes les marines du Globe en même temps que la navigation du Danube serait déclarée libre, il deviendrait difficile, pour ne pas dire impossible, au plus ambitieux de vos descandants, de rentrer dans la malheureuse voie que votre grand cœur vous aurait fait abandonner dans l'intérêt de la justice et dans celui du bonheur de la Russie.

Faites plus! au lieu de vous tenir sans cesse en défiance contre la civilisation et toujours armé, prêt à la combattre, unissez-vous franchement et sans arrière-pensée avec elle, épousez ses principes de liberté, et vous ferez pour votre empire plus que n'a jamais fait le fondateur de la puissance moscovite! Pierre a organisé ses États en vue de la conquète; c'est dans ce but unique qu'il a si fortement constitué le despotisme, qu'il en a fait la base et le principe de son gouvernement. C'était peut-être une nécessité du temps où il vivait, temps malheureux où l'esprit d'ambition et le prestige de la gloire des armes entraînaient encore tant de têtes couronnées dans l'arène sanglante des batailles pour les motifs les plus futiles. Mais aujourd'hui que la raison humaine a fait sentir a tous la fausseté de ces idées, qu'elle en a fait ressortir les funestes conséquences et surtout l'immoralité; aujourd'hui que l'esprit public a déserté ces tristes voies où ne croissaient pour les peuples que des maux sans mesure, pour entrer dans celles toutes nouvelles que les progrès des sciences lui ont ouvertes, voies fécondes en jouissances de toutes sortes et qu'il parcourt avec ravissement, parce qu'il y rencontre à chaque pas la richessr et le bonheur; aujourd'hui, enfin, que les nations ont toutes compris que le travail est pour elles une source inépuisable de précieux avantages qu'il leur importe par-dessus tout de préserver de toute perturbation, de tout péril, qu'elles ont dans cette vue appliqué tous leurs soins à maintenir entre elles la paix, sachant trop par expérience quel préjudice la guerre porte à leurs intérêts. En présence de ce fait universel, qui a si puissamment modifié la politique des gouvernements, prétendre se raidir contre cette tendance générale du siècle pour le rétablissement de la concorde et de l'union, puis se flatter de pouvoir lutter seul contre l'irrésistible force de cette tendance, au lieu de s'y laisser aller, de s'y associer même avec ardeur, la menacer du glaive et penser que la peur la fera s'agenouiller en esclave soumise et repentante, c'est étrangement sacrifier à l'orgueil ; c'est se croire à soi tout seul plus fort que l'humanité entière !

Non, Prince, vous ne commettrez pas cette faute ; vous ne persévérerez pas plus longtemps dans une erreur aussi déplorable pour vous-même que pour vos sujets, et, si vous voulez véritablement et sincèrement leur bonheur, vous entrerez résolument, le premier à leur tête, dans les voies de justice et de moralité où marchent avec nous les gouvernements modernes. Vous doterez votre empire d'institutions toutes pareilles à celles dont jouissent aujourd'hui leurs peuples, institutions qui favorisent si puissamment l'essor de leur génie particulier ; car, quel d'entre eux n'a pas le sien propre qui le distingue des autres peuples avec lesquels son commerce l'a mis en relations ?

Allez plus loin encore ! le but est digne de votre grand cœur, reconstituez autour de vous toutes ces nationalités détruites par la violence. Réintégrez dans leurs enclaves naturelles la Pologne et la Hongrie, ces tristes victimes de l'ambition des Princes qui se les sont si injustement partagées, sans profits réels pour eux-mêmes, puisque, s'ils ont réussi à les assujettir, ils ne sont point parvenus à étouffer chez elles le désir de reconquérir leur liberté. Aidez-les à la recouvrer, et elles béniront votre nom.

C'est là qu'est la gloire pour vous, gloire qui devrait d'autant mieux vous séduire, qu'elle servirait grandement les intérêts de la Russie ; ses peuples sont actifs, laborieux, naturellement industrieux, ils ont la compréhension facile et possèdent à un éminent degré l'esprit d'imitation ; ils font avec des outils grossiers des choses d'une perfection surprenante, et, quant à la finesse d'esprit pour les affaires et les choses de commerce, personne au monde ne les surpasse ; à quel degré de richesse et de grandeur n'atteindrait pas votre empire, s'il était une fois en contact avec la civilisation actuelle, s'il pouvait librement puiser aux sources où nous puisons nous-mêmes notre force !

Voyez, la France a convié toutes les nations du globe à sa grande fête du travail. Toutes ont répondu avec joie à son appel, et nulle d'entre elles n'a manqué au rendez-vous ami qu'elle leur a donné ; tous les arts auxquels elles s'adonnent, toutes les industries qu'elles pratiquent sont là représentés par les plus précieux spécimens, ce que le globe enserre de richesses et de merveilles brille là d'un éclat sans pareil, pour électriser toutes les âmes d'une généreuse émulation.

La Russie seule, se tenant sombre à l'écart dans les farouches pensées qui la préoccupent, ne paraît point à cette solennité si remplie de charme et d'attraits pour le reste de l'humanité, et tous les avantages qui résulteraient pour elle des relations qui vont se nouer là entre tant de peuples disposés à s'aimer, elle n'en profitera pas ; envieuse d'un bonheur qu'il lui est interdit de partager, elle ne pense qu'à le troubler par le bruit de ses armes et le retentissement de ses sanglants exploits sur le théâtre de la guerre.

Ah ! bien plutôt paraissez à cette fête et dans ce temple élevé à la concorde, mais, paraissez-y le front ceint de la couronne d'olivier, et entrez-y précédé des palmes de la paix, vous aurez ce jour-là même fait pour vos sujets, pour votre propre gloire et la puissance de l'Empire, plus que ne firent jamais vos ancêtres, Catherine et Pierre le Grand, et les vastes conquêtes que vous ont acquises les armes ! Faites cela, Sire, et vous aurez réalisé quelque chose de plus grand, et surtout de plus durable que ce rêve de monarchie universelle, qui, dans tous les cas, et en la supposant possible, appellerait sur votre tête l'exécration du genre humain et la malédiction divine.

Prononcez-vous! l'histoire accoudée sur ses tables d'airain attend votre décision; elle l'attend pour savoir sur quelle de ces tables elle devra buriner votre nom; s'il le lui faut inscrire parmi les Princes dont la mémoire est restée chère à l'humanité, par le souvenir de leurs vertus ou parmi ceux qui ont mérité sa haine par les maux qu'il lui ont fait souffrir. Et moi aussi, humble écrivain, mais tout dévoué à la sainte cause que je défends, la cause de la liberté, je l'attends cette décision pour vous glorifier, si elle est favorable à mes vœux, ou si elle ne l'est pas, pour sonner *à volée* contre vous le *tocsin des peuples.*

Ce sera le signal du formidable duel, du duel à mort, engagé entre le principe odieux que vous personnifiez, le despotisme, et la civilisation, que représentent les gouvernements libres; le ciel décidera entre ces deux causes; peut-on douter qu'il se montre favorable au bon droit, et qu'il fasse triompher la plus juste?

FIN.